GOULART DE ANDRADE

Série Essencial | Concepção e coordenação
Antonio Carlos Secchin

Produção editorial
Monique Mendes
Revisão
Gilberto Araújo
Projeto gráfico e Editoração eletrônica
Estúdio Castellani | Imprensa Oficial do Estado de São Paulo

Catalogação na fonte:
Biblioteca da Academia Brasileira de Letras

A994 Azevedo, Sânzio de, 1938-.
Goulart de Andrade : cadeira 6, ocupante 3 / Sânzio de Azevedo. – Rio de Janeiro : Academia Brasileira de Letras ; São Paulo : Imprensa Oficial do Estado de São Paulo, 2012.
68 p. ; 18,5 cm. – (Essencial ; 50)

ISBN 978-85-7440-231-4 (Academia Brasileira de Letras)
ISBN 978-85-401-0070-1 (Imprensa Oficial)

1. Andrade, Goulart de, 1881-1936. I. Imprensa Oficial do Estado (SP). II. Título: cadeira 6, ocupante 3. III. Série.

CDD B869.92

Esta edição adota o novo *Acordo Ortográfico da Língua Portuguesa.*

050

Série Essencial

Goulart de Andrade

Cadeira 6 / Ocupante 3

Sânzio de Azevedo

AD IMMOR TALITA TEM

Academia Brasileira de Letras

imprensaoficial
GOVERNO DO ESTADO DE SÃO PAULO

Goulart de Andrade

Sânzio de Azevedo

José Maria Goulart de Andrade nasceu em Jaraguá, arrabalde de Maceió, capital da província de Alagoas, no dia 6 de abril de 1881, vindo a falecer no Rio de Janeiro, no dia 19 de setembro de 1936. Era filho de Manuel Cândido da Rocha de Andrade, engenheiro e oficial da Marinha, e de Leopoldina Pimentel Goulart de Andrade.

Na terra natal, estudou as primeiras letras com o Professor Ângelo Barbosa, iniciando os preparatórios com um tio, Francisco Barros Pimentel Goulart. Concluiu as Humanidades com o Professor Adriano Augusto de Araújo Jorge. Em 1897, com 16 anos de idade, viajou para o Rio de Janeiro, matriculando-se num curso preparatório para a Escola Naval, na Ilha das Enxadas, onde permaneceria durante 3 anos.

Segundo Francisco Reinaldo Amorim de Barros, ele "[n]ão se distinguiu como aspirante da Marinha" e, de acordo com a mesma fonte, chegou a ser perseguido "por ter sido hóspede de Floriano Peixoto",[1] seu conterrâneo.

Desistiu da carreira militar, conseguiu um emprego de auxiliar de escrita e, mais tarde, de ajudante extranumerário da Prefeitura Municipal.

Ingressou na Escola Politécnica, onde se formou em Engenharia Civil em 1906, recebendo o diploma de engenheiro geógrafo. Assim é que passou a trabalhar, como engenheiro, na Prefeitura do Distrito Federal, nas obras de reforço do abastecimento de água da capital, ao mesmo tempo em que exercia as funções de redator de debates da Câmara dos Deputados e de diretor do Ginásio Pio Americano.

Nessa época publicou no jornal *O Gutemberg*, de Maceió, um poema que enviara ao irmão Eusébio. Com relação a outro poema "que logo depois de chegar ao Rio remeteu ao mano Manuel Aristeu teve como resposta que deveria tentar outra coisa, pois lhe faltava intuição poética".[2]

---

[1] BARROS, Francisco Reinaldo Amorim de. *ABC das Alagoas*. Dicionário Bibliográfico, Histórico e Geográfico de Alagoas. t. 1. (A-F). Brasília: Senado Federal, v. 62-A, 2005, p. 77.

[2] BARROS, Francisco Reinaldo Amorim de. *Op.* e *Loc. Cit.*

Esse irmão, que se assinava Aristeu de Andrade, mais velho do que José Maria quase três anos, era poeta de renome na capital alagoana.

Goulart de Andrade, além da poesia, cultivou o romance e o teatro. Foi porém como poeta que obteve maior fama.

Frequentou o grupo boêmio de Olavo Bilac, Emílio de Menezes, Guimarães Passos (seu conterrâneo), Martins Fontes e outros. E é o poeta paulista Martins Fontes, que se formara em Medicina, quem conta o seguinte:

> Houve tempo em que, às seis horas da manhã, Goulart, engenheiro da Prefeitura, e eu como auxiliar de Osvaldo Cruz, nos encontrávamos, sem nunca, nunca faltar, a caminho dos subúrbios, iniciando a faina [...]. Acordávamos ao alvorar, entrávamos pela noite, fazendo literatura... Fantástico! Para nós o domingo era o dia útil, do sono equivalente ao de uma semana. A ninguém dediquei maior admiração que a que consagro ao grande Goulart de Andrade.[3]

Por sinal, nesse mesmo livro, Martins Fontes chega a estampar, de sua autoria, uma "Sextina a Goulart de Andrade".

---

[3] FONTES, Martins. *Nós, as Abelhas*. São Paulo: J. Fagundes, 1936, p. 43.

Eram tão grandes a amizade e a admiração do poeta de *Verão* ao confrade alagoano, que há no livro *A Canção de Ariel*, do primeiro, publicado postumamente em 1938, um soneto escrito por ocasião da morte do amigo. Intitulado "José Maria", tem o complemento, a modo de subtítulo, "Goulart de Andrade". Depois de se referir nos quartetos à amizade que durou 36 anos, diz o poeta nos tercetos: "Pobre de mim. A soluçar te digo, / Sem a esperança que promete o além, / Meu companheiro, meu constante amigo. // Dei-te o meu coração. Não sou ninguém. / O que eu tinha de bom, levas contigo: / Metade do que eu fui morreu também."

Em outro livro conta Martins Fontes um episódio que retrata bem o espírito boêmio dos escritores que, no alvorecer do século XX, formavam o grupo de Bilac. E foi à casa do poeta da "Via Láctea" que alguns deles resolveram ir, a fim de uma brincadeira. Com a palavra de novo o poeta de *Verão*:

> Bilac recebeu-nos sem saber do que se tratava, mas, porque tinha o dom divinatório, friamente interrogou: – De que se trata, meus caros senhores? Goulart de Andrade então lhe disse: – Caro chefe, o nosso Partido vem oferecer-lhe a presidência da República, para salvarmos a pátria. Bilac aceitou o posto de

> sacrifício. E começaram os trabalhos para a organização do ministério.[4]

Claro que se tratava de uma pilhéria, na qual ocupavam postos escritores como Coelho Neto (Marinha), Alberto de Oliveira (Agricultura) e, entre outros, Goulart de Andrade (Viação), mas é interessante o episódio pelo fato de o porta-voz do grupo – segundo o poeta paulista – haver sido Goulart, a quem coube um "ministério", o que mostra o seu prestígio junto aos amigos.

Outro passo em que nosso poeta é citado em gracejos desses boêmios é relembrado por Luís Edmundo, ao falar do chamado "Navio da Lapa", isto é, a casa em que morava Martins Fontes nesse bairro do Rio:

> Navio porque o assoalho da casa balança, como o dos barcos sobre as águas do mar, as vigas que suportam as tábuas onde se pisa, comidas aqui e ali, pelo cupim, dão aos que sobre elas caminham a impressão do *roulis* ou do *tangage*. [...] Fontes é o oficial-maior do *Navio*. Usa um pijama com alamares, feitos de ligas

[4] FONTES, Martins. *O Colar Partido*. Santos: B. Barros & Cia, 1927, p. 214.

> velhas. Oscar Lopes é o imediato. Serve, às vezes, de piloto, o Goulart de Andrade.[5]

Esses termos em francês (*roulis* e *tangage*), para quem não os conhece, servem para lembrar que o piso parecia o de uma embarcação que oscilasse para os lados ou para a frente e para trás.

Recordando a Sociedade dos Homens de Letras, criada por Olavo Bilac, a qual pretendia levar à cena uma peça de Machado de Assis, diz Elói Pontes que, após o assassinato de Aníbal Teófilo (o poeta do antológico soneto "A Cegonha") em 1915, quase nada se concretizou:

> O espetáculo, com os "Deuses de Casaca", no Teatro Municipal, não vai adiante. A Sociedade dos Homens de Letras tampouco. Olavo Bilac, entretanto, continuará reunindo os amigos, à tarde, jantando juntos, até à hora do cinema. Goulart de Andrade, Leal de Sousa, Heitor Lima, Oscar Lopes, Bastos Tigre, Luís Edmundo, um ou outro adventício,

---

[5] EDMUNDO, Luís. *O Rio de Janeiro do meu Tempo*. 2.ª ed. v. 3. Rio de Janeiro: Conquista, 1957, p. 642.

> entre os quais mais assiduamente quem escreve estes comentários, constituem a roda quotidiana.[6]

Aí está mais uma alusão ao poeta alagoano, cujo nome vem citado em primeiro lugar entre os do grupo que marcou época no Rio de Janeiro

Com a morte do Almirante Artur Jaceguai, fica vaga a Cadeira 6 da Academia Brasileira de Letras, fundada por Teixeira de Melo e cujo patrono é Casimiro de Abreu.

Candidatando-se a ela, Goulart de Andrade vence o pleito, ao qual concorria o Príncipe D. Luís de Orleans, em 1916.

No discurso com que, na Academia Brasileira de Letras, em 1938, sucedeu ao poeta, Barbosa Lima Sobrinho, mais novo do que ele 16 anos, fala da interrupção no ritmo da produção do escritor alagoano e revela:

> Tive a explicação desse silêncio quando visitei Goulart de Andrade. Eu o conhecera de perto na Câmara dos Deputados, que ele frequentava como redator de debates e eu como jornalista profissional. Procurava-o muito, gostando de sua palestra animada, ou das irreverências que externava sem amargura, exuberante e alegre.

---

[6] PONTES, Elói. *A Vida Exuberante de Olavo Bilac.* v. 2. Rio de Janeiro: J. Olympio, 1944, p. 600-1.

Tendo perdido o poeta de vista, eis a revelação que Barbosa Lima Sobrinho faz, a respeito de sua visita a sua residência:

> Fui encontrá-lo em casa, irreconhecível. Envelhecera vinte anos. Pálido, consumido, não era mais o Goulart de Andrade, mas um velhinho cansado, dentro da meticulosa disciplina de um horário de remédios e de uma dieta inflexível.

Depois de lembrar o entusiasmo e a arrogância dos gestos de outrora, diz ainda o jornalista que a vida ainda protegia o poeta, com a dedicação de sua esposa, D. Fernandina Goulart de Andrade, "que o disputava à moléstia e à consumição".

E dá ainda um depoimento comovente, ao dizer que sempre, nos últimos tempos, no dia 6 de abril, aniversário de Goulart, Martins Fontes vinha de São Paulo para abraçá-lo e encher a casa com sua eloquência:

> Goulart de Andrade, apoiados os cotovelos nos braços de sua cadeira de descanso, ria, deslumbrado. Parecia estar ouvindo o arcanjo, que lhe vinha recordar as delícias do Paraíso, de um Paraíso que a magia daquela

palavra generosa conseguia fazer ressurgir aos olhos quase apagados daquele moribundo.

O Poeta

O livro de estreia de Goulart de Andrade, *Poesias* (1907), teve uma apreciação antes mesmo de ser publicado: é que Pedro do Couto, nas suas *Páginas de Crítica*, do ano anterior, teceu considerações sobre ele. Demonstrando franca antipatia pela escola que, para ele (como para muitos), era unicamente forma, refere-se aos "prejuízos escolásticos" sofridos pelo poeta, e diz:

> Goulart de Andrade, a despeito de dispor de talento, de manifestar qualidades de artista, é presa da preocupação parnasiana, talvez por desejo de salientar a facilidade de também trabalhar o verso com a meticulosidade com que os *doutores* nesse assunto o fazem.[7]

Após aludir ao gosto do poeta pelas "rimas opulentas" e por tipos de poema como o canto real, a balada clássica etc., observa o crítico:

---

[7] COUTO, Pedro de. *Páginas de Crítica*. Lisboa: Clássica Editora, 1906. p. 171. (O grifo é do autor.)

> É pois Goulart de Andrade evidentemente o poeta que, primeiro e com mais entusiasmo entre nós, se adstringiu a esse rigor excessivo de regras métricas, a essa subordinação absoluta aos preceitos dos velhos mestres franceses, enfrentando com coragem as dificuldades que os mais afamados de seus contemporâneos jamais tentaram.[8]

Cumpre observar que, de três poemas que o crítico aconselhou fossem suprimidos, apenas um o foi, como também foi eliminado o verso "Como Nosso Senhor domina o raio", do poema polimétrico "O Papagaio", verso condenado por Pedro do Couto – diga-se de passagem – mais por motivo de ordem pessoal (o crítico era agnóstico). É longo o ensaio, com elogios e restrições, mas sua tônica é o louvor do poeta e a paradoxal condenação do Parnasianismo.

Andrade Muricy, que seria um dos maiores estudiosos do Simbolismo brasileiro, publicou em 1918 um opúsculo focalizando *Alguns Poetas Novos*, no qual, entre outros, contempla Goulart de Andrade. Depois de destacar três poemas, sendo dois do segundo livro do poeta ("A Procelária" e "Canto Real da Noite") e um do primeiro, "Forte Abandonado", os

---

[8] COUTO, Pedro de. *Op. Cit.*, p. 173.

quais são para ele "talvez as poesias mais consideráveis dentre a produção da segunda geração parnasiana", transcrevendo o verso que fecha todas as estrofes do último poema ("O largo manto real, suntuosamente aberto!"), afirma: "Nenhum outro da geração constrói, assim, poemas tão cheios de altissonância e fragor. E, no entanto, ninguém é mais ourives, minucioso e engenhoso na composição poética."[9]

Não sem razão, ficou o poeta conhecido acima de tudo como um paciente burilador do verso e o precioso cultor de inúmeros tipos de poema. Otto Maria Carpeaux disse dele: "Representa o aspecto esteticista do Neoparnasianismo acadêmico."[10]

Agrippino Grieco, bem a seu jeito, assim se pronunciou sobre o poeta alagoano:

> Mais do que um criador propriamente dito, foi o irmão de Aristeu de Andrade o introdutor ou o restaurador entre nós de alguns metros e ritmos que deram certa atração aos seus livros: cantos reais, vilancetes, rondós. Já agora, em 1932, ninguém mais

---

[9] MURICY, Andrade. *Alguns Poetas Novos.* Rio de Janeiro: Revista dos Tribunais, 1918, p. 69.

[10] CARPEAUX, Otto Maria. *Pequena Bibliografia Crítica da Literatura Brasileira.* 2.ª ed. Rio de Janeiro: MES, 1955, p. 217.

> se esfalfa procurando dezenas de rimas para o torneio de uma balada.[11]

Para Nelson Werneck Sodré, igualmente, o que ressalta na obra poética de Goulart de Andrade, como outros têm dito e dirão, é a ourivesaria do verso: "Sua estreia, com *Poesias* (1907), incorporou-o às fileiras parnasianas, de que foi um dos mais frisantes exemplos, pela correção formal."[12]

Mais recentemente, Péricles Eugênio da Silva Ramos, incluindo o poeta, como o fizera Otto Maria Carpeaux, entre os neoparnasianos (o que, a nosso ver, não tem muito sentido), após se referir ao gosto dos parnasianos pelos poemas de forma fixa, observou:

> Um dos poetas que empregaram amplo sortimento dessas formas fixas foi Goulart de Andrade. Na primeira série de suas *Poesias* (1907), valeu-se ele do canto real, da balada, do rondel, do rondó, do vilancete, e ainda, em "Forte Abandonado", obrigou a con-

---

[11] GRIECO, Agripino. *Evolução da Poesia Brasileira*. Rio de Janeiro: Ariel, 1932, p. 111.

[12] SODRÉ, Nélson Werneck. *História da Literatura Brasileira*. 4.ª ed. Rio de Janeiro: Civilização Brasileira, 1964, p. 467.

soante de apoio na rima: *esbarra, barra, antigo, castigo*, seguindo o modelo francês.

Conhecedor da arte poética, o estudioso paulista faz uma observação interessante, ao tratar do segundo livro do poeta:

> Goulart de Andrade, contudo, não se limitou a essas formas fixas: na segunda série das *Poesias* (1911), lançou mão também do vilancico, e do gazel, distinguindo assim "vilancete" de "vilancico", o que não é muito exato, se nos ativermos à história das formas métricas em nossa língua.[13]

Na verdade, "Espiras", que o poeta chama de *vilancico*, é o que os tratadistas apontam como sendo *vilanela*. Aliás, Barbosa Lima Sobrinho, em seu discurso, observa que o vilancico de Goulart é "o *vilanelle* de Banville".

Para não irmos mais longe nessa discussão, basta lembrar que outro estudioso do verso, Raul Xavier, ao caracterizar o *vilancete*, diz:

---

[13] Ramos, Péricles Eugênio da Silva. *Poesia Parnasiana*. São Paulo: Melhoramentos, 1967, p. 285.

> Composição poética de remota origem popular urbana, na península ibérica. Constituía-se de 3 estrofes: a primeira dizia-se *vilancico – alheia*: a segunda e a terceira denominavam-se ambas *voltas – mudanças*.[14]

Na mesma página, o autor diz que *vilancico* era a primeira estrofe do *vilancete*. Mas dá a entender que na Espanha antiga era usado como composição autônoma.

É fato sabido que no poema "Os Sapos", de Manuel Bandeira, que Ronald de Carvalho leu com grande escândalo na Semana de Arte Moderna em São Paulo, o sapo tanoeiro (que é "parnasiano aguado") diz: "O meu verso é bom / Frumento sem joio./ Faço rimas com / Consoantes de apoio."

Claro que Bandeira estava alfinetando justamente Goulart de Andrade, que, como se sabe, obrigou a consoante de apoio em um de seus poemas.

Num livro que deveria ser de memórias, mas que terminou sendo um tratado de arte poética, revelou Manuel Bandeira: "Goulart não se magoou com a minha brincadeira e sete anos depois foi quem me arranjou editor para o meu volume *Poesias*".[15] Como, por meio de uma carta, o poeta de

---

[14] XAVIER, Raul. *Vocabulário de Poesia*. Rio de Janeiro: Imago, 1978, p. 211.

[15] BANDEIRA, Manuel. *Itinerário de Pasárgada*. Rio de Janeiro: Jornal de Letras, 1954, p. 55.

A Cinza das Horas contasse a Mário de Andrade que seu livro, por indicação de Goulart de Andrade, seria editado por Laudelino Freire (que não era bem visto pelos modernistas), o poeta paulista, escrevendo em dezembro de 1923, terminou sua carta a Bandeira assim: "Adoro o Goulart de Andrade. Adoro o Laudelino. Ri com o caso.E nunca mais atacarei esses homens admiráveis."[16]

Em nosso livro *O Parnasianismo na Poesia Brasileira* (2004), dissemos que Goulart de Andrade tem lugar assegurado entre os poetas da escola menos pela qualidade da sua poesia, algo artificiosa, do que pelo fato de haver cultivado praticamente todos os tipos de poema de forma fixa.

Cremos não haver dito nenhuma novidade, como acreditamos não ter cometido nenhuma injustiça ao aludir ao caráter algo artificioso de sua obra. Mais contundente foi Péricles Eugênio da Silva Ramos, ao afirmar que o poeta tem "interesse puramente formal".[17]

Isso porém não significa que o poeta não tenha momentos dignos de louvor, como, não obstante as rimas satirizadas por

---

[16] *Correspondência*. Mário de Andrade & Manuel Bandeira. Org. Marcos Antônio de Moraes. São Paulo: Edusp/IEB, 2000. p. 111.

[17] RAMOS, Péricles Eugênio da Silva. "A Renovação Parnasiana na Poesia". *In*: COUTINHO, Afrânio (Dir.) *A Literatura no Brasil*. 2.ª ed. Sul Americana., 1969, v. 3, p. 127.

Manuel Bandeira, "Forte Abandonado" e a balada (do livro de estreia); o "Canto Real da Noite" e o soneto "Cleópatra", da segunda série; bem como, de *Ocaso*, "Destinos", soneto antológico que é, a nosso ver, um dos pontos mais altos de sua obra poética.

O certo é que o poeta mereceu, na abertura de seu primeiro livro, uns versos consagradores de Alberto de Oliveira. Havia Goulart pedido ao mestre um prefácio para *Poesias*, e o que o autor das *Meridionais* escreveu foi um texto em versos, no qual dava a entender que ele não precisava de prefácio para brilhar, tal como o sol, que brilha por si só...

Esse livro, *Poesias*, de 1907, seguindo uma prática que vinha das últimas décadas do século XIX, é dividido em três partes, "Livro Bom", "Livro Proibido" e "Livro Íntimo". É interessante notar que, na primeira parte, há um poema, "O Ouro", com a dedicatória "aos parnasianos"; adiante, "A Glória" traz oferecimento "aos simbolistas", e por fim "Amor" é dedicado "aos líricos". Dir-se-ia que o poeta, então com 26 anos de idade, considerava o lirismo uma escola literária, como o Parnasianismo e o Simbolismo.

Quanto ao fato de ele oferecer um dos textos aos parnasianos não parece um indício de querer ficar fora da escola, tão menosprezada pelo provável amigo Pedro do Couto. Até porque ele escolheu, para padrinho de sua estreia, o poeta que, com ou sem razão, sempre foi tido como o mais ortodoxo dos seguidores de Banville: Alberto de Oliveira.

Goulart de Andrade não chegou a compor nenhum poema exaltando o Parnasianismo (como o faria seu grande amigo Martins Fontes), mas é inegável que ele foi um parnasiano, e não conhecemos historiador ou crítico que discorde disso.

O que ocorre é que alguns estudiosos, como Otto Maria Carpeaux e Péricles Eugênio da Silva Ramos, entenderam de rotular como neoparnasianos os poetas que, escrevendo no estilo dos seguidores de Leconte de Lisle, estrearam no Brasil depois da publicação dos *Broqueis* (1893) de Cruz e Sousa, como se entre nós o surgimento do Simbolismo houvesse interrompido a marcha ascensional do Parnasianismo. Afinal, o primeiro livro de Goulart de Andrade é de 1907, e os *Poemas e Canções*, aos quais deveu Vicente de Carvalho sua notoriedade, são de 1908.

Tendo sido o Parnasianismo alvo de desprezo até mesmo na França, muitos seguidores da escola no Brasil terminaram por negar de certa forma sua filiação a ela. Assim é que Alberto de Oliveira, ao receber o amigo e discípulo na Academia Brasileira de Letras em 1916, depois de afirmar que Goulart de Andrade era, acima de tudo, poeta, de lembrar que "o essencial é ir cada um com o que a natureza lhe pede", disse, logo em seguida:

> A vossa pendeu para onde se desvelavam alguns espíritos, buscando a beleza da expressão em seus

> trabalhos, ou para o que, talvez com exagero, se acertou de chamar-se, em França, "culto da forma". Pendeu, pois, para o Parnasianismo! Mas precisamente entre nós nunca houve Parnasianismo. [...] Não sois propriamente um parnasiano, porque este nome mal vos cabe, ou a qualquer de nós.

Forçou a mão o grande poeta dos *Versos e Rimas*. Ele mesmo, Alberto de Oliveira, figura com destaque nessa escola, razão de estar presente em todas as antologias que, no Brasil, reúnem poetas parnasianos.

É verdade que nem sempre seus poemas (ou os de Goulart de Andrade) ostentam a malsinada impassibilidade que caracteriza a ortodoxia da escola, mas o apuro da forma vestindo sentimentos às vezes quase românticos. É o caso, para falar do poeta aqui focalizado, destes versos de uma das mais conhecidas baladas das *Poesias* (1907), cujo início diz:

> Pela rosácea do vitral, desfeito
> Em cores, entra o pálido luar!
> Dorme! Entre as névoas de teu alvo leito
> Vejo-te o seio brandamente arfar...
> Dorme! Lá fora dorme o velho mar.
> Na muda noite a abóbada infinita
> Apenas vela, e, trêmula, palpita.

Mas, se quisermos exemplo de poema ligado à ortodoxia da escola francesa, basta-nos ler os primeiros alexandrinos do já várias vezes citado "Forte Abandonado", onde todas as rimas têm a consoante de apoio:

> De pé, no promontório, encravado na bronca
> Penedia, onde o mar atropelado ronca,
> Ribomba, estoura, estruge, espoca, estronda, esbarra,
> Abandonado avulta o vigia da barra!

Ou o primeiro quarteto do soneto "Cleópatra", também em versos de doze sílabas, e pertencente à segunda série de *Poesias* (1911):

> O loto emerge em flor do Nilo, que descansa
> Num remanso, espelhando o poente rubro. À beira,
> Um derrocado templo, onde ora se embalança
> – Flabelo colossal – vagarosa palmeira!

No primeiro livro, trabalhava o poeta o verso alexandrino, o hendecassílabo, o decassílabo, o octossílabo (principalmente no rondó e no rondel), o heptassílabo (na cantiga e no vilancete). Os mais usados são o alexandrino e o decassílabo. Quanto ao hendecassílabo (verso de 11 sílabas), presente em um único poema, "À minha Lavandeira", é o trocaico, como os do "Pequenino Morto", de Vicente de Carvalho. O poema do poeta alagoano inicia-se assim:

> Quantos anos faz, ó minha lavandeira,
> Que tua energia gastas nessa lida?
> Nado o sol apenas, chegas tu primeira,
> Trouxa na cabeça, à margem da ribeira,
> Que, por entre juncos, passa de corrida.

O que mais aproxima Goulart de Andrade da ortodoxia da escola francesa é o fato de ele seguir as regras de quase todos os poemas de forma fixa presentes no *Petit Traité de Poésie Française* (1872), de Théodore de Banville. E dizemos quase todos porque, entre outras coisas, ele não praticou o virelai nem o triolet. Mas seu canto real, suas baladas, o rondó e o rondel seguem rigorosamente os esquemas do mestre francês.

E o poeta ainda irá apresentar, na segunda série das *Poesias* (1911), um gazel, poema de origem árabe composto de dísticos, sendo que em Goulart todos os versos rimam, requinte que outros poetas não seguiram. Também há um exemplar da terça rima, em "Desafogo"; de origem italiana, esse poema é composto de tercetos, sendo que a rima central de um vai-se repetir nas extremidades da estrofe seguinte, terminando o poema com um quarteto. É na terça rima que é vazada a *Divina Comédia*, de Dante.

Incluindo o poeta alagoano numa antologia que contempla o Pré-Modernismo (a nosso ver com mais propriedade chamado de Sincretismo por Tasso da Silveira), Fernando Góes afirma:

> Goulart de Andrade tinha o amor das velhas formas poéticas: o vilancete, o rondó, a balada, o canto real, que praticou com arte e beleza. [...] À balada e – principalmente – ao canto real, esforçou-se Goulart de Andrade por dar o melhor de sua inspiração.[18]

Essa é uma apreciação simpática ao poeta que, decididamente, ficará na literatura brasileira como poeta e, como poeta, se destacando pelo gosto e pela perícia com que enriqueceu o patrimônio poemático do Parnasianismo no Brasil.[19]

BIBLIOGRAFIA DO AUTOR (POESIA)

Poesias. Rio de Janeiro: Garnier, 1907.
Poesias. 2.ª série. Rio de Janeiro: Garnier, 1911.
Cantos do Brasil Novo. Rio de Janeiro: Ed. Brasileira, 1923.
Ocaso (Poesias. 3.ª série). Rio de Janeiro: Renascença, 1934.

---

[18] GÓES, Fernando. *O Pré-Modernismo*. Rio de Janeiro: Civilização Brasileira, 1960, p. 176. (*Panorama da Poesia Brasileira*, v. 5)

[19] Agradecimentos aos escritores Elvia Bezerra e Marcos de Farias Costa, por subsídios para esta pesquisa. Agradecimentos também ao escritor Gilberto Araújo pela inestimável ajuda.

ANTOLOGIA

Forte Abandonado*

(Obrigada a consoante de apoio)

De pé, no promontório, encravada na bronca
Penedia, onde o mar atropelado ronca,
Ribomba, estoura, estruge, espoca, estronda, esbarra,
Abandonado avulta o vigia da barra!
Ó naus, podeis entrar! Podeis ver, exilados,
Peixes, que íes buscar abrigo em outros lados,
Quando o bruto estridor dos canhões sacudia
O fraguedo; e a fumaça o almo esplendor do dia
No firmamento azul, empanava de chofre,
Saturando todo o ar de salitre e de enxofre!
Pássaros, volitai! Nada aqui vos aterra:
As máquinas de morte estendem-se por terra,
Frias, mudas, sem mais aquele brilho antigo
Que era para a pupila um ríspido castigo!
No muro, em cada frincha, a grama brota inculta,
Cobre as trincheiras, enche as guaritas, oculta
As arestas, contorna as ameias, procura
Tapar a barbacã com a trama verde-escura!

---

* *In*: *Poesias*. Rio de Janeiro: Garnier, 1907, pp. 37-8.

Agora o rubro aqui, aparece ridente,
Não em funda ferida estuando um sangue ardente
E impetuoso de heróis varados nas batalhas,
Mas em flores gentis desbrochando nas talhas
Do molhe de granito! Os rumores de passos
E toques de clarins não enchem os espaços
Agora! E que contraste: estes rudos, maninhos
Mortíferos canhões, guardam ninhos e ninhos,
Paz e Amor!... Pode a abelha as melífluas colmeias
Fabricar sem temor, ao longo das ameias!
Pode aqui vicejar a tímida violeta!
Pode adejar a iriante e inquieta borboleta!
Sempre azul seja o céu! A liana filiforme
Medre e floresça! A brisa em fruto a flor transforme!
Venha o rijo Aquilão soprar a pulmão pleno!
Venha a Lua banhar de luz o terrapleno!
Venha aqui dentro o Sol e esta terra fecunde!
Venha o musgo crescendo e a muralha circunde!
Venha gemer o mar, que espumarento, esbarra
No rochedo em que dorme o vigia da barra!

Canto Real do Poeta*

Numa planície rasa está deitado
Um membrudo Titã fitando o céu:
Parece um promontório alcantilado
Ao mar opondo o enorme vulto seu!
Inerte jaz-lhe o corpo. A fantasia,
Esta, as penas arrufa, e desafia
Num largo voo o espaço tentador...
Dá-lhe força o desejo de transpor
Os mistérios da célica planura,
Porém, minada de impotência e dor,
Estaca... e rola sobre a terra escura!

Pensa em galgar o páramo azulado
– Leito da estrela e ninho do escarcéu! –
Se embaixo é tudo mal-aventurado,
Em cima, por detrás daquele véu,
Há de vibrar em lúcida harmonia
O Éter! Talvez a luz de eterno dia
Aclare o gozo eterno, o eterno amor!...
E alonga o aflito olhar indagador:

* *In*: *Poesias*. Rio de Janeiro: Garnier, 1907, pp. 72-3.

Sonda a amplidão... ainda o alçar procura...
Porém, num gesto desconsolador,
Estaca... e rola sobre a terra escura.

Do cavernoso e grosso peito um brado
Horrendo e rouco, ríspido, irrompeu,
Misto de angústia, ameaça e desagrado;
Depois, lesto, de um salto, o corpo ergueu,
E andou, pesado de melancolia...
Rude calhau, no saibro que irradia,
Descobre, e aos céus o arroja com vigor
Para medir o espaço! Em vão se opor
Tenta a rajada: – a pedra a nuvem fura!
Mas, terminado o impulso animador,
Estaca... e rola sobre a terra escura!

Ao longe, nos confins do descampado,
Vendo um monte que em lavas acendeu
Outrora o augusto cimo alcandorado,
Presto seus passos para lá moveu.
Com os ressaltados músculos porfia
Em derrocar agreste penedia
Para levá-la ao alto, e sobrepor
Assim, montes e montes... Com furor

Lida, luta, ora a impele, ora a segura,
Mas a penha, no aspérrimo pendor,
Estaca... e rola sobre a terra escura.

Sem descansar do intento começado
Penedos e penedos suspendeu
Nos portentosos braços. Alquebrado
Inda um bruto penhasco arremeteu
Nuvens acima! Suores de agonia
Vão-lhe aljofrando o torso e a fronte fria...
Mas ele julga entrar pelo esplendor
Do céu! Ó tredo sonho embalador!
A nuvem passa: é o Vácuo, a imensa Altura!
E o Titã, faces num mortal palor,
Estaca... e rola sobre a terra escura!

Ofertório

Poeta, que tanto estiolas teu verdor
No embate rijo e desesperador
Pela Forma imortal que te amargura,
Se à Perfeição não chegas, lutador,
Estaca... e rola sobre a terra escura!

Vilancete*

Se eu fico – choro por vós,
Por outros – se vou embora...
Que sorte a minha, Senhora.

Voltas

Longe de vós, inconsciente,
Não vivo, senão vegeto:
Quem disser que o meu aspecto
Quase é de um louco, não mente.
Que sorte a minha inclemente:
Se vou – sinto dor atroz...
Se fico – choro por vós...

Deixo atrás tanta lembrança
Quando eu destas plagas for,
Mas à frente um grande amor
Mostra-me tanta esperança...
Meu coração não descansa:
Rio por ver-vos, Senhora,
E choro por ir-me embora.

---

* *In*: *Poesias*. Rio de Janeiro: Garnier, 1907, p. 120-1.

Rondó*

De amor e ciúmes desatino,
Porque te amar é meu destino,
– Causa do gozo e do sofrer! –
Se vivo é para te querer,
Mulher, fulgor, perfume ou hino!

O meu desejo, astro divino,
Cerca-te o vulto airoso e fino,
Como atmosfera, a te envolver,
De amor!

Ilha florida, eu te imagino,
E julgo o ciúme, agro e mofino,
Que me transtorna todo o ser,
Um bravo mar sempre a gemer,
A uivar, num ímpeto tigrino
De amor!

---

* *In*: *Poesias*. Rio de Janeiro: Garnier, 1907, p. 154.

Rondel*

Meu coração, minha altivez,
Ponho a teus pés, musa serena,
– Sonho de amor em noite plena
De redolência e languidez!

Tens para mim tanta algidez...
Pobre, que em troca desta pena,
Meu coração, minha altivez,
Ponho a teus pés, musa serena.

Fraco, a vontade se me esfez
Nesta volúpia que envenena...
Queres-me ver de rastro? Ordena,
Que eu deporei sob os teus pés
Meu coração, minha altivez...

* *In*: *Poesias*. Rio de Janeiro: Garnier, 1907, p. 155.

Balada*

Pela rosácea do vitral, desfeito
Em cores, entra o pálido luar!
Dorme! Entre as névoas de teu alvo leito
Vejo-te o seio brandamente arfar...
Dorme! Lá fora dorme o velho mar.
Na muda noite a abóbada infinita
Apenas vela, e, trêmula, palpita.
Dorme! Nos campos adormece a flor
E a ave no ramo que o Favônio agita
Como tu, adormece, meu amor.

Em vão procuro ouvir, em vão espreito
Se nesse inocentíssimo sonhar
O meu nome se escapa de teu peito,
E a minha imagem tentas abraçar...
Ah! Se estiveras tu no meu lugar!
Dorme! Das rimas a caudal bendita
Desta boca febril se precipita
Num som dulcíssimo e acalentador...
A Alma que eu trouxe antigamente aflita,
Como tu, adormece, meu amor.

---

* *In*: *Poesias*. Rio de Janeiro: Garnier, 1907, pp. 156-7.

Dorme! Nem sabes como contrafeito
Vejo-te os lábios sem os não beijar...
Com que desejo, mas com que respeito
Contemplo a tua carnação sem par!
Dorme! Como tu dorme o nenufar
Da fria linfa na prateada fita...
Só de meu coração a surda grita
Se escuta no silêncio esmagador!
A lembrança das horas de desdita
Como tu adormece, meu amor.

Ofertório

Rainha deste ser, dorme e acredita
Que aos brancos pés te deixo a alma precita,
Misto de ciúmes, de êxtases, de ardor...
Ai, dorme... a voz que estes cantares dita...
Como tu... adormece... meu amor...

Canto Real da Noite*

Da espada de marfim, magnífica e cheirosa,
Onde coleia a curva, e a harmonia pagã
Vibra na mocidade eterna, e cor-de-rosa,
Como as nuvens do poente e as névoas da manhã;
Da espádua, de onde emerge a torre alabastrina
De um colo escultural – hóstia que se ilumina
Com o ridente clarão de um sangue a borbulhar,
Cai, de estranha sibila, imóvel, fito o olhar
No mistério sem fim do amplo espaço deserto,
Pesado e de veludo, a refulgir pelo ar,
O largo manto real, suntuosamente aberto!

E o zainfe estelar fulgura! A misteriosa
Cifra, em linhas de luz, benéfica ou malsã,
O destino desvenda: – É cada nebulosa
O horóscopo de um pária, a vida de um titã!
Em signos o futuro ali se vaticina:
Guerra ou paz, riso ou dor; glória excelsa e divina
No amor e na conquista, eterno soluçar,
Luta penosa, anseio, e o martírio sem par,

---

* *In*: *Poesias*. 2.ª série. Rio de Janeiro: Garnier, pp. 45-7.

Sem o alento de um beijo e um coração bem perto...
Isso tudo nos mostra, esplendoroso, a aflar,
O largo manto real, suntuosamente aberto!

E pela vastidão, escura e veludosa,
Se desparze triunfal todo o escrínio de Pã:
Ora em régia Coroa, ardendo vitoriosa,
E onde a Pérola fulge, entre sárdios, louçã;
Ora em Lira dolente a luzir na surdina
Do roxo da ametista; ou na Águia, em que domina
Altair, entre opala e berilo, a brilhar;
Ou em Sírio, rubim, carbúnculo, Aquernar...
Luz que irrora, que inunda e estonteia decerto
O sonhador audaz que tente decifrar
O largo manto real suntuosamente aberto!

É o delírio da cor! A bacanal faustosa
Do brilho! Lividez de lança e de iatagã!
Palor de luar, orquestração maravilhosa
De lincúrio, Castor, safira e Aldebarã!
Sorrisos de turquesa, hidrofana e olivina,
Rubros ais de granada e piropo! A argentina
Flor de Arturus a rir! Glauco reverberar
De esmeralda e Capela e Régulus! Um mar

Fulgurante de fogo! Almo tesouro oferto
À humana vista, que se perde em contemplar
O largo manto real suntuosamente aberto!

Homem, tu correrás numa ânsia dolorosa
Empós de uma fugaz, treda esperança, irmã
Da inquietante incerteza, e inda mais enganosa:
Eterno é o teu sofrer, e a tua angústia é vã!
Terás sempre contigo a dúvida ferina
Que te beija e te punge, e te afaga e assassina!
Nunca verás consolo ao teu fundo penar,
Bálsamo à tua dor, sossego ao teu lutar,
E, imoto, jazerás de joelhos, descoberto,
No êxtase de um faquir, mudo, vendo a ondular
– O largo manto real, suntuosamente aberto!

Oferta

Noite, deusa da treva e do fulgor! Altar
Para onde o sonho vai, num suavíssimo voar,
Do ergástulo da Terra, erma e triste, liberto,
Semelhas-te à Mulher, bela e fria, a passar,
O largo manto real suntuosamente aberto!

Cleópatra*

O loto emerge em flor do Nilo, que descansa
Num remanso, espelhando o poente rubro. À beira,
Um derrocado templo, onde ora se embalança
– Flabelo colossal – vagarosa palmeira!

Em régia compostura e altiva segurança,
Sobre as patas deitada, entre o musgo, trigueira,
Uma leoa ali está, que o olhar faiscante lança
Para o ocidente ardendo em chamas de fogueira!

É a Rainha talvez, que da extinta realeza,
Não farta de gozar, nem de vingança extreme,
Volve, a cólera vã nas pupilas acesa:

Evoca o antigo fausto! E na vela que treme
Ao vento, deslizando a frol da correnteza,
Julga o porte entrever de sua áurea trirreme!

---

* *In*: *Poesias*. 2.ª série. Rio de Janeiro: Garnier, 1911, p. 62.

Destinos*

Traçou entre nós dois o Nume Eterno
Uma linha, que, apenas, se revela:
Nem na passa a vaidade – menos bela,
Nem na transpõe o orgulho – alto e superno!

Envelhecemos!... A lareira o inverno
Já de neve cobriu; e, agora, nela
A cinza fria da saudade vela
Os resplendores do braseiro interno...

Mágoas calaste; humilhações calei-as;
Se, hoje, temo passados desatinos,
Tu de antigas loucuras te arreceias...

Cumpriremos, assim, nossos destinos:
Tais duas torres, que ruíssem, cheias
Do repique festivo dos seus sinos!

---

* *In*: *Ocaso* (*Poesias*. 3.ª série). Rio de Janeiro: Renascença, 1934, p. 17.

Névoas e Flamas*

Névoas, suspiro, trança de perfume,
Arabescos de fumo, ondas de incenso;
Névoas, forma visível do que penso,
Alma liberta de apagado lume.

Flamas, embaixatrizes de Áureo Nume
Que em estrofes lucíferas condenso.
Flamas, som de clarins, purpúreo, intenso,
Néctar do desespero, alma do Ciúme!

Névoas e flamas! Numa aérea ronda,
Bailais nos versos meus desencontrados,
Formando clara, indefinível onda:

Vós sois minhas saudades, meus cuidados,
Amor, que véu não há com que o esconda,
Zelo, tortura, e gozo imaginados!

---

* *In*: *Poesias*. 2.ª Série. Rio de Janeiro: Garnier, 1911, p. 13.

Nuvem*

Rondel

No céu em que banho meu ser,
E meu olhar longo espaireço,
De uma só nuvem o tropeço
Obriga a cisma a se deter...

Por que de tão fundo querer
Me para a nuvem o arremesso,
No céu em que banho meu ser
E meu olhar longo espaireço?

Aonde irias tu bater
Oh! pensamento meu travesso,
Se não acharas este espesso
Floco de arminho a se mover
No céu em que banho meu ser?...

---

* *In*: *Poesias*. 2.ª Série. Rio de Janeiro: Garnier, 1911, p. 28.

Cinzas*

Já Pierrô busca repouso
À mágoa que o escrucia,
Por um vale nemoroso,
Triste, ao declinar do dia.

Traz o coração partido
E o bandolim aos pedaços:
Seu olhar vaga perdido
– Falena pelos pedaços.

Por que seu amor esqueça,
– Dor que faz tantos escravos! –
Ele descansa a cabeça
Numa touceira de cravos.

Dorme. Mas a dor medonha
Nem no seu dormir declina:
Mal fecha os olhos, já sonha.
E, longe, vê Colombina!

---

* *In*: *Poesias*. 2.ª Série. Rio de Janeiro: Garnier, 1911, pp. 17-20.

Estando mais branca ainda,
Menos esquiva ele a sente,
Sentada, pálida e linda,
Entre as pontas do Crescente.

Mas, não sabe, olhando a nua
Carne que se lhe revela,
Se é dela o clarão da lua,
Se a lua brilha por ela...

De cada rubra corola
Sobe, em volutas, o aroma,
Que oscila, rola, se enrola,
E o rumo da lua toma.

De cada flor, ascendendo,
Sai, num fio, a alma em queixumes,
E esses fios vão tecendo
Uma trança de perfumes,

Que sobe, voa, tranquila,
Balouça, gira, remonta,
E do Crescente, que oscila,
Vai-se prender numa ponta...

Ou porque a alma se lhe exale,
Ou porque a noite o embriaga,
Abre-se o peito do vale
Em queixa silente e vaga.

E tudo: triste suspiro,
Ais, ânsias mudas, cismares...
Vai subindo em leve giro,
Em espiras pelos ares...

Tanto sobe, tanto ascende
Toda esta queixa magoada,
Que, em breve, da lua pende
Outra invisível escada.

Pelas duas pontas preso
Voga o Crescente de manso:
E Colombina, no aceso,
Etéreo, olente balanço...

*

* *

Se queres, na tua febre,
Subir na essência das flores,
É certo a escada se quebre
Ao peso das tuas dores...

Riam só os que não sabem
De tuas queixas amargas,
Que, elas, tamanhas, não cabem
Dentro destas vestes largas...

Ah! Bem sabemos, não cuidas
Em fazer esta romagem,
Que as duas escadas fluidas
Se vão, a mais branda aragem.

De violácea claridade
Uma delas se ilumina:
Pierrô, é a tua saudade
Que procura Colombina!

E a ingrata, que não alcanças,
Faz descer pela outra escada,
Esperanças, esperanças,
Dentro de névoa dourada!

E o triste, num mundo anseio,
Num desespero crescente,
Preme o coração no seio,
E olha o pálido Crescente.

Ergue-se já; da garganta
Sai-lhe a sonata de outrora:
Ninguém sabe se ele canta,
Ou, se ali, soluça e chora.

Seu bandolim jaz sem corda!...
Suspira, contrai a face...
Distende os braços... e acorda...

No ar vazio o dia nasce!

Balada*

A uma Princesa longínqua

Vossa alta fama assinalada
Por tanto claro lidador,
Veio até minha água furtada
De cavalheiro e rimador.
Irei por Vós, seja onde for,
A rima rutilando acesa,
A proclamar-vos com ardor
Dona da Graça e da Beleza.

E se houver quem, com lança e espada,
Tenha outro nome a contrapor,
Em raso campo ou estacada
Virá de encontro ao meu valor.
Por grã mercê e alto favor
Consenti, pois, que nesta empresa
Venha a alma aos nossos pés depor,
Dona da Graça e da Beleza!

---

* *In*: *Poesias*. 2.ª Série. Rio de Janeiro: Garnier, 1911, pp. 21-2.

Que eu vos não veja! Mas, sonhada,
Surja tão alva, em tal alvor,
A vossa imagem de balada,
Que eu julgue vir num resplendor!
Já do balcão, abrindo em flor,
Balança a mole escada presa...
Perdoai ao doido sonhador,
Dona da Graça e da Beleza!

OFERTA

O joelho dobro, e, com fervor,
Para esta página, Princesa,
Suplico um só olhar que for,
Dona da Graça e da Beleza!

Vilancete*

Entrou meu olhar por entre
A fresta de teu vestido,
E aí ficou escondido...

VOLTAS

Os poetas amam a lua,
Dizem aí com verdade,
Que, por sua claridade,
Aluados andam na rua...
Vi-te a espádua: oh! culpa a tua
Blusa de rendas... que o olhar
Entrou em busca de luar...

Entrou pela frincha estreita
De um entremeio bordado,
E ficou maravilhado!
Ora hesita, agora espreita,
Dorme, sonha e se deleita,
E, sem que houveras sentido,
Aí ficou escondido.

---

* *In*: *Poesias*. 2.ª Série. Rio de Janeiro: Garnier, 1911, pp. 23-4.

Poeta sendo, o olhar procura
O luar da fascinação;
Pois tens luar no coração,
E luar, na pupila escura,
Luz de lua ou neve pura
Vejo, num fio, em teu colo,
Branco e frio luar do polo.

Meu ardente olhar se atreve
A entrar, já que tanto ardia,
Em busca de neve fria,
E aquilo certo era neve.
Entrou, fechou-se de leve,
Temendo eterna cegueira
E notou que é luar e... cheira!

Não me condenes, Senhora,
Se te olhar com insistência,
Que olhar a lua é demência,
E és meu luar de toda a hora!
Não vejo mais nada agora,
Que o olhar ficou num florido
Floco de espuma escondido...

Ficando em tão lindo abrigo,
Perto de espádua tão branca,
Tanto suspiro me arranca
Que eu já nem conto comigo.
Corres um certo perigo:
Que me arde o olhar, à maneira
De um sol... sobre uma geleira.

Gazel*

Coragem! Tu serás a força irreprimida
Da vida que quer ser vivida em mim, querida!

Agirás no meu sangue, e a tua essência clara
Em mim circulará, mirífica, diluída.

Traz-me a tua lembrança a olência doce e rara
Com que perfumo ao verso a rima azul florida.

Voz de minha saudade e som de meus cantares,
Harmonia sem par de minha alma insofrida!

Soluço de meu pranto, ais de íntimos pesares,
Carícia que me dói, volúpia dolorida!

Mergulha no meu ser, desfaze-te em perfume!
E que sejas de mim a ideia refletida...

Entra no meu cismar, e muda-te em queixume
E que eu seja o calor da chama desprendida

---

* *In*: *Poesias*. 2.ª Série. Rio de Janeiro: Garnier, 1911, pp. 48-9.

De teu olhar, de teu amor, de teu desejo,
Dessa vertigem tua indomada e homicida,

Sê veneno mortal no meu sanguíneo beijo,
De meu silêncio austero a grita indefinida!

Muda estridência e calmaria estrepitosa,
Vem, que se integra em ti a minha alma rendida!

Vem! que a tua alegria a minha dor esposa,
Vem! que esta minha morte anela a tua vida!

Vem! que a espessa muralha entre nós dois erguida
Há de tombar do amor à força irreprimida!

*Mors-Amor**

Inda que o coração vitórias cante,
E quebre de uns olhares a aspereza,
De si nos faz Amor incauta presa:
Fundas olheiras, pálido semblante.

Vida inteira nos dá num só instante,
Gozo, delícia, lágrimas, incerteza...
Assim se havendo pois, não é surpresa
Que, em sendo suave, muito nos quebrante.

Desde que irrompe n'alma a viva chama,
Que é causa do suspiro e do gemido,
Pena a gente no ardor em que se inflama...

Tanta dor, tanta angústia se há sofrido,
Prazer tanto, que é o rosto de quem ama,
Menos de vencedor, que de vencido.

* *In*: *Poesias*. 2.ª Série. Rio de Janeiro: Garnier, 1911, p. 50.

Desafogo*

Lago anilado e plácido onde a aragem
Nem um sopro sequer põe de mansinho,
De minha vida é a verdadeira imagem.

Quero, no entanto, o rude torvelinho
Das paixões, porque o amargo sofrimento
Sempre conduz o poeta a bom caminho,

Olha, a dor é fecunda! Experimento
Um celeste clarão banhar-me a fronte
Toda a vez que me fere algum tormento.

Por teu amor um novo sol desponte,
Surjam flores de nova primavera,
Mas, nasça dentro em mim a amara fonte

Do pranto que uma angústia infausta gera
E que o sol me ilumine, ensanguentado,
Cingido de festões de espinho e de hera!

---

* *In*: *Poesias*. 2.ª Série. Rio de Janeiro: Garnier, 1911, pp. 51-3.

Sou teu fiel cavalheiro e enamorado.
Vem, fecunda-me o espírito incendido:
Faze-te dele o seu maior cuidado.

Sê-me a essência do verbo e o seu gemido,
A vibração da dor, a imponderável
Sugestão desse mundo incompreendido

Que na minha alma existe indecifrável
Na formação astral da nebulosa,
Que, um dia, será sol incomparável!...

Bem antes que eu te visse a ti, formosa,
E tu me visses, vi-te a mão de neve,
Mão que tem quase e alma de rosa!

Oh! Mão espiritual, setínea e breve,
Alva estrela de cinco raios! Astro
Para o qual meu ardente olhar se atreve!

Palpitante e aromático alabastro!
Guia de meu destino que, num gesto,
Ou me eleva, ou me põe a alma de rastro!

Olho-te, e o meu desejo é manifesto
Nos olhos, mão lirial, lira divina,
Lira em louvor da qual meu verso apresto!

Lira de cinco cordas, cristalina,
Níveas cordas que entoam vitorioso
Hino à Forma perfeita e peregrina!

Dá para os olhos meus o excelso gozo
De ver branquear, por entre a pedraria,
O teu palor de luar maravilhoso!

Mas um instante só, que eu não queria
Me furtassem anéis espaço aos beijos
Que nos teus dedos finos deporia...

Enlanguesçam, porém, estes harpejos,
Cesse o alvoroço sangue em meu sangue lavra,
Cale-se a grita rubra dos desejos!
Meu coração, nem mais uma palavra!

Por quê?*

Ris, se digo que és boa; e se te digo
Que és má, tomas um ar de indiferença...
Fazes um gesto vago de descrença,
Quando afirmo serei teu muito amigo...

Se de tuas promessas te desligo,
Amuas-te; e é fatal a desavença,
Ao te falar da gratidão imensa
E do respeito meu para contigo...

Se as mãos te beijo, cedes; mas, fremente,
Se a procuro, essa boca me resiste!...
Enfado-me, gargalhas loucamente!

Não sei, porém, se alta razão te assiste,
Se a atitude é de sábio ou de demente,
Quando, ao jurar que te amo, ficas triste!

---

* *In*: *Ocaso*. Rio de Janeiro: Renascença, 1934, p. 8.

Casa Nova*

Pesar da trama do ódio e das intrigas,
Sempre estiveste em minhas conjecturas;
Hoje que, ao fim das penas, me procuras,
Já não preciso mais que te desdigas.

Do peito, por desvãos, salas escuras,
A que invadiram ervas más e urtigas,
Varri as teias de ilusões antigas,
Arredei sonhos gastos, velhas juras.

Afinal, chegas! Doente da jornada;
Travo de fel na boca; mas, risonha;
Olhos de insônia; pálida, cansada...

De linho fresco pus lençol e fronha:
Tudo se renovou nesta morada...
Vem; repousa a cabeça; dorme e sonha!...

---

* *In*: *Ocaso*. Rio de Janeiro: Renascença, 1934, p. 9.

Cosmos*

Tens a aurora na boca e a noite escura
Nos olhos; no cabelo, em desalinho,
O mar bravo, a floresta, o torvelinho;
E as neves da montanha em tua alvura!

Possuis na voz a música e a frescura
Da água corrente; o sussurrar do ninho
Na surdina sutil do teu carinho,
Em que o calor ao travo se mistura...

Cheiras como um vergel! Tens a tristeza
De uma tarde hibernal, em que anda imerso
Teu amor – meu algoz e minha presa –

Em tua alma e teu corpo acha meu verso
Todas as convulsões da natureza
E as harmonias todas do universo.

---

* *In*: *Ocaso*. Rio de Janeiro: Rensacença, 1934, p. 10.

Série Essencial

001 Oswaldo Cruz, *Moacyr Scliar*
002 Antônio Houaiss, *Afonso Arinos, filho | 1.ª ed., ABL, esgotado.*
003 Peregrino Júnior, *Arnaldo Niskier*
004 João do Rio, *Lêdo Ivo*
005 Gustavo Barroso, *Elvia Bezerra*
006 Rodolfo Garcia, *Maria Celeste Garcia*
007 Pedro Rabelo, *Ubiratan Machado*
008 Afonso Arinos de Melo Franco, *Afonso Arinos, filho*
009 Laurindo Rabelo, *Fábio Frohwein de Salles Moniz*
010 Artur Azevedo, *Sábato Magaldi*
011 Afonso Arinos, *Afonso Arinos, filho*
012 Cyro dos Anjos, *Sábato Magaldi*
013 Euclides da Cunha, *José Maurício Gomes de Almeida*
014 Alfredo Pujol, *Fabio de Sousa Coutinho*
015 João Cabral de Melo Neto, *Ivan Junqueira*
016 Ribeiro Couto, *Elvia Bezerra*
017 José do Patrocínio, *Cecilia Costa Junqueira*
018 Bernardo Élis, *Gilberto Mendonça Teles*
019 Teixeira de Melo, *Ubiratan Machado*
020 Humberto de Campos, *Benicio Medeiros*
021 Gonçalves Dias, *Ferreira Gullar*
022 Raimundo Correia, *Augusto Sérgio Bastos*
023 Rachel de Queiroz, *José Murilo de Carvalho*
024 Alberto de Oliveira, *Sânzio de Azevedo*
025 Álvares de Azevedo, *Marlene de Castro Correia*
026 Alberto de Faria, *Ida Vicenzia*
027 Machado de Assis, *Alfredo Bosi*

028 Álvaro Moreyra, *Mario Moreyra*
029 Austregésilo de Athayde, *Laura Sandroni*
030 Antônio José da Silva, *Paulo Roberto Pereira*
031 Afrânio Coutinho, *Eduardo Coutinho*
032 Sergio Corrêa da Costa, *Edla van Steen*
033 Josué Montello, *Cláudio Murilo Leal*
034 Mário Cochrane de Alencar, *Flávia Amparo*
035 Alcântara Machado, *Marco Santarrita*
036 Domício da Gama, *Ronaldo Costa Fernandes*
037 Gregório de Matos, *Adriano Espínola*
038 Magalhães de Azeredo, *Haron Jacob Gamal*
039 Visconde de Taunay, *Mary del Priore*
040 Graça Aranha, *Miguel Sanches Neto*
041 Luiz Edmundo, *Maria Inez Turazzi*
042 Coelho Neto, *Ubiratan Machado*
043 Lafayette Rodrigues Pereira, *Fabio de Sousa Coutinho*
044 Júlio Ribeiro, *Gilberto Araújo*
045 Castro Alves, *Alexei Bueno*
046 Vianna Moog, *Luis Augusto Fischer*
047 Augusto de Lima, *Paulo Franchetti*
048 Celso Cunha, *Cilene da Cunha Pereira*
049 Antonio Callado, *Ana Arruda Callado*
050 Goulart de Andrade, *Sânzio de Azevedo*

IMPRENSA OFICIAL DO ESTADO DE SÃO PAULO

Coordenação Editorial: *Cecília Scharlach*

Assistência Editorial: *Ariadne Martins*

Assistência à Editoração: *Ana Lúcia Charnyai*
Fernanda Buccelli
Marilena Camargo Villavoy
Marli Santos de Jesus
Teresa Lucinda Ferreira de Andrade

Editoração, CTP, Impressão e Acabamento: *Imprensa Oficial do Estado de São Paulo*

Foi feito o depósito legal na Biblioteca Nacional (lei nº 10.994, de 14.12.2004)

Impresso no Brasil

Formato: *13 x 18,5 cm*
Tipologia: *Caslon*
Papel Capa: *Cartão Triplex 250 g/m²*
Miolo: *Chamois Fine Dunas 120 g/m²*
Número de páginas: *68*
Tiragem: *2000*

Rua da Mooca, 1.921 Mooca
03103 902 São Paulo SP
sac 0800 01234 01
sac@imprensaoficial.com.br
livros@imprensaoficial.com.br
www.imprensaoficial.com.br